¡Hannah
ya es mayor!

MONTAÑA
ENCANTADA

Helen y Clive Dorman

Asesor pediátrico: Dr. Huw R Jenkins

¡Hannah ya es mayor!

EVEREST

Aquí está Hannah.

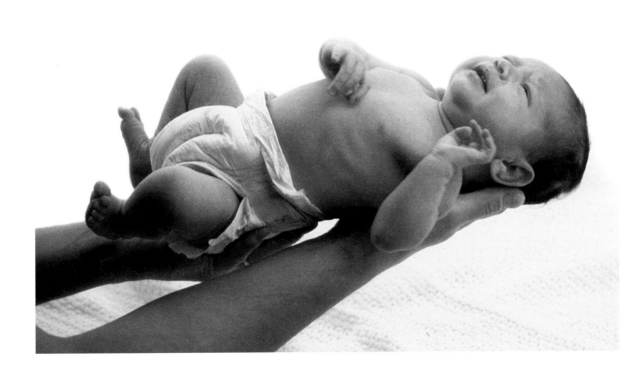

Hannah es una niña recién nacida.
Tiene sólo cinco días, pero ya conoce
la voz y el olor de su madre.
Puede vernos y comunicarse con nosotros.
Necesita mucho amor y dormir horas y horas.

*¿Recuerdas tu aspecto cuando sólo
tenías cinco días?
¿Tenías pelo?*

Hannah tiene  1 mes.

Hannah es un bebé pequeño, pero puede hacer muchas cosas por sí misma. Puede volver la cabeza para seguirnos con la mirada. Llora para que sepamos que no es feliz y sonríe cuando sí lo es.

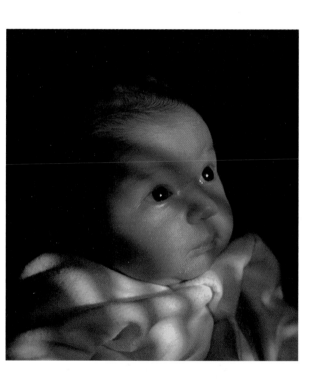
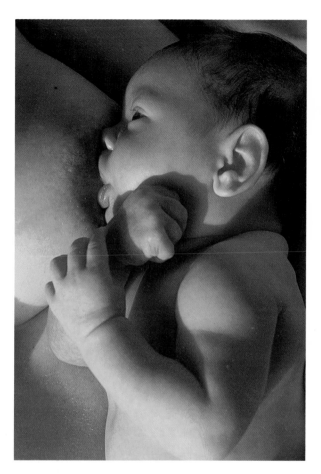

Le gusta mirar luces brillantes y tomar
su comida favorita.

¿Cuál es tu comida favorita?

Hannah tiene  2 meses.

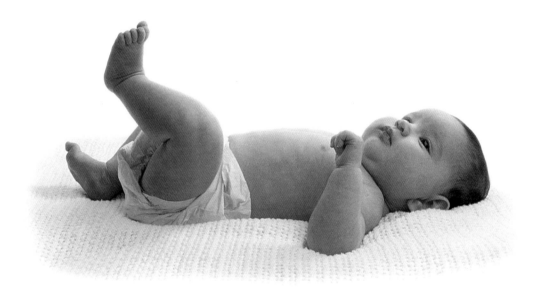

Hannah es todavía un bebé diminuto,
pero está creciendo.
Le gusta dar patadas.

Le encanta mirar las caras e intenta copiar lo que decimos.

¿Puedes poner una cara rara?

Hannah tiene  meses.

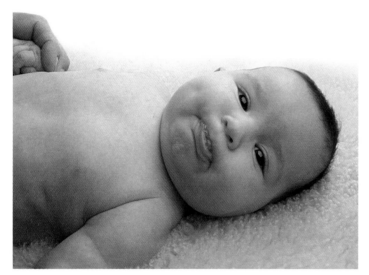 

Hannah es más grande.
¡Hace pompas y ruidos con la boca!
Se lleva los dedos a la boca.

Levanta las manos para tocar su juguete.

¿Cuál es tu juguete favorito?

Hannah tiene  meses.

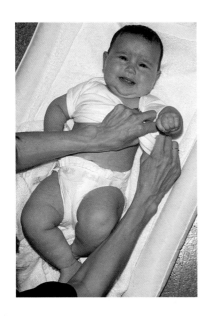

Hannah crece deprisa.
No le gusta que
la desvistan y la vistan, pero adora el baño.

¿Te gusta vestirte? ¿Qué ropa prefieres?

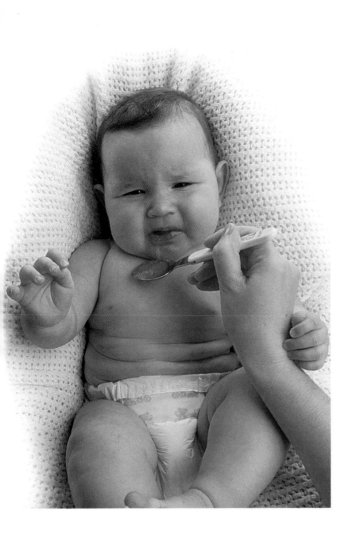

Prueba su primera comida y le sabe muy
distinta a la leche a la que está acostumbrada.
Puede juntar los pies.
Y es capaz de agarrar y sujetar un juguete.

Hannah tiene 5 meses.

¡Hannah casi puede sentarse sin que nadie
la sujete!
Bebe de su biberón y da palmadas
en la mesa.
Le encanta jugar con los dedos de sus pies.

Hannah descubre su imagen en el espejo.

¿Sabes qué es una imagen?
¿En qué otro sitio puedes ver tu imagen?

Hannah tiene  meses.

Hannah se sienta.
Se lleva el pie a la boca
y gira para ponerse boca abajo.

*¿Puedes llevarte el dedo gordo
del pie a la boca?*

Hannah echa su primer diente; tiene
las encías irritadas.
Le gusta chuparse el pulgar y sentir
su mantita cuando está cansada o triste.

¿Te chupas el pulgar?
¿Tienes un objeto favorito?

Hannah tiene  7 meses.

Hannah aprende
más y más cosas.
Se pone de pie con la ayuda de papá.
Le gusta dar la vuelta a la taza y que caiga
el ladrillito de plástico.
Casi se arrastra.

Le encanta jugar a esconderse.
Ahora tiene un nuevo diente y muerde con él su cepillo de dientes.
Cuando se pone nerviosa extiende los brazos para que la levanten.

¿De qué color es tu cepillo de dientes?

Hannah tiene  meses.

Hannah es cada vez más fuerte.
Apoyándose se pone de pie.
Ha descubierto que puede hacer cosas
nuevas con sus manos y sus dientes:
tirar del pelo y morder.

Comparte su palito de pan.
Prueba distintos alimentos.
Se maneja muy bien con su biberón.

¿Cuál es tu bebida favorita?

Hannah tiene  meses.

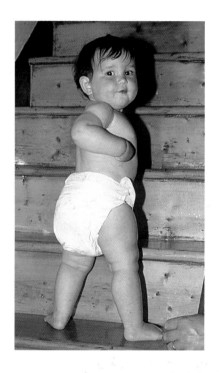

Hannah es cada vez más audaz. Siempre
quiere subir las escaleras.
Uno de sus juegos favoritos es esconder
y encontrar un juguete.

También devuelve las cosas que le das.
Encuentra muy divertido hacer sonar
una campanilla.

¿Puedes contar los dientes de Hannah?

Hannah tiene  10 meses.

Hannah es ahora muy activa.
Empuja su andador. Abre los cajones
y va de un objeto a otro.

Le encanta pasar las páginas de su libro.
Se saca comida de la boca con la lengua
para ver cómo es.
Le gusta hacer sonar un silbato, dar
palmas y jugar con su osito.

Hannah tiene  meses.

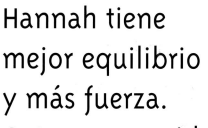

Hannah tiene
mejor equilibrio
y más fuerza.
Gatea con rapidez, se pone de pie
y usa su triciclo.

¿Puedes sostenerte a la pata coja?

Intenta decir palabras.
Ya sujeta perfectamente
su biberón y come
con su cuchara.
¡Pero sobre todo, adora las pompas
de jabón!

Hannah tiene   meses.

Hannah está muy grande. Intenta ponerse los calcetines.

Puede lavarse los pies en el baño.

Es capaz andar sin ayuda.

Hannah ha crecido y ha aprendido mucho en sus primeros 12 meses.

¡Hannah ya es mayor!

¿Sabías que 12 meses forman un año?

¿Te sabes los nombres de los meses del año?
¿Puedes señalar los números y contarlos?

¿Te acuerdas de lo que hacía Hannah?

1 mes
vuelve la cabeza

2 meses
da patadas

3 meses
se lleva los dedos
a la boca

7 meses
muerde su cepillo
de dientes

8 meses
se pone de pie

9 meses
hace sonar
la campanilla

6 meses
se lleva el pie
a la boca

4 meses
prueba su primera
comida

5 meses
bebe de su
biberón

12 meses
intenta ponerse
los calcetines

10 meses
abre los cajones

11 meses
usa su triciclo

Dirección editorial: Raquel López Varela
Coordinación editorial: Ana María García Alonso
Maquetación: Cristina A. Rejas Manzanera
Título original: *Hannah is a big baby now!*
Traducción: Alberto Jiménez Rioja
Diseño de cubierta: Jesús Cruz

Text copyright © 2001 Helen & Clive Dorman
Photographs © Helen Dorman
This edition Copyright © 2001 The Children's Project Ltd.
Helen & Clive Dorman have asserted their moral right to be identified
as the authors of this work in accordance with the Copyright, Design and Patents Act 1988.
© EDITORIAL EVEREST, S. A.
Carretera León-La Coruña, km 5 - LEÓN
ISBN: 84-241-8733-4
Depósito legal: LE.1003-2004
Printed in Spain - Impreso en España
EDITORIAL EVERGRÁFICAS, S. L.
Carretera León-La Coruña, km 5
LEÓN (España)
Atención al cliente: 902 123 400
www.everest.es